ANALISI DEL LIBRO

Il deserto dei tartari

· · · · · · · · · · · · · · · ·

DINO BUZZATI

ANALISI DEL LIBRO

Scritto da Dominique Coutant-Defer
Tradotto da Sara Rossi

Il deserto
dei tartari

DINO BUZZATI

DINO BUZZATI   **5**

    Scrittore, giornalista e pittore italiano   5

IL DESERTO DEI TARTARI   **7**

    Un romanzo eccezionalmente grandioso   7

SINTESI   **8**

STUDIO DEL CARATTERE   **13**

    Giovanni Drogo   13
    Capitano Ortiz   13
    Tenente Angustina   14
    Sergente Maggiore Tronk   14

ANALISI   **15**

    Un romanzo allegorico   15
    Un tema centrale: il tempo   16
    Un'atmosfera da sogno   19

ULTERIORI RIFLESSIONI   **21**

    Alcune domande su cui riflettere...   21

ULTERIORI LETTURE   **22**

    Edizione di riferimento   22

DINO BUZZATI

SCRITTORE, GIORNALISTA E PITTORE ITALIANO

- **Nato a Belluno nel 1906.**

- **Morto a Milano nel 1972.**

- **Opere degne di nota:**

  - *Il deserto dei Tartari* (1940), romanzo

  - *I sette messaggeri* ("The *Seven* Messaggeri", 1942), raccolta di racconti

  - *Il colombre* (1966), raccolta di racconti

Nato in Italia nel 1906, Dino Buzzati intraprende inizialmente la carriera giornalistica, lavorando per il *Corriere della Sera* e facendo il corrispondente di guerra durante la Seconda guerra mondiale. Parallelamente, si dedica alla letteratura e inizia a scrivere romanzi, tra cui *Bàrnabo delle montagne* e *Una storia d'amore*. Nel 1940 pubblicò il suo capolavoro, *Il deserto dei Tartari*, che ebbe un immediato successo mondiale. Tuttavia, ha scritto anche molti racconti e novelle, lavorando nei generi del realismo e del fantastico. La sua raccolta di racconti più famosa, *Il colombre*, è composta da non meno di 50 storie. Le sue opere tendono a essere di natura pessimistica e spesso si concentrano sui temi dell'illusione e della morte all'interno di un universo in cui la vita quotidiana prende una piega strana e inquietante sotto l'influenza corruttrice del soprannaturale.

Oggi Buzzati è considerato uno dei maggiori scrittori italiani della sua generazione. È morto nel 1972.

IL DESERTO DEI TARTARI

UN ROMANZO ECCEZIONALMENTE GRANDIOSO

- **Genere:** romanzo
- **Edizione di riferimento:** Buzzati, D. (2007) *Il deserto dei Tartari*. Trans. Hood, S. C. Edimburgo: Canongate.
- **1° edizione:** 1940
- **Temi:** speranza, attesa, tempo, invasione, routine, morte

Il deserto dei Tartari, pubblicato per la prima volta in italiano nel 1940, è stato salutato dalla critica come "un romanzo di eccezionale grandezza" che offre "un esame drammatico e appassionato del senso della vita e dell'inevitabilità del destino umano". Il romanzo racconta la strana storia del giovane tenente Giovanni Drogo che viene assegnato al sinistro Forte Bastiani, situato al confine del Regno del Nord attraverso un misterioso deserto avvolto dalla nebbia, che si suppone sarà oggetto di un attacco dei Tartari. Nel corso della storia, Drogo è combattuto tra due desideri opposti: lasciare questo ambiente deprimente e affrontare finalmente gli invasori. Finisce per trascorrere 30 anni a Forte Bastiani, in attesa di qualcosa che alla fine arriva troppo tardi.

SINTESI

Il tenente Giovanni Drogo è assegnato al Forte Bastiani, a guardia del confine con il deserto dei Tartari, anche se nessuno sa se i Tartari vi abbiano mai messo piede. Ha grandi speranze per la nuova vita che sta iniziando, che si aspetta piena di gloria. Tuttavia, sente un "vago presentimento come se stesse per intraprendere un viaggio senza ritorno" (p. 3).

Mentre lotta per trovare il forte sul suo sperone roccioso e isolato, incontra il capitano Ortiz, che si trova lì da 18 anni. L'edificio in sé è tetro e proibitivo e terrorizza e ipnotizza Drogo in egual misura. Drogo fa rapporto a Matti, il comandante del forte, ma è talmente intimidito da ciò che lo circonda che chiede un trasferimento immediato. Deve però aspettare quattro mesi prima di ottenere il certificato medico che gli permetterà di partire. Tuttavia, non appena lo ottiene, Drogo continua a rimandare la sua decisione al giorno successivo e finisce per passare tutta la sua vita al forte in attesa di un attacco. Quando finalmente l'attacco ha luogo, Drogo viene evacuato per malattia.

La prima sera Drogo si intrufola sui bastioni, una zona vietata, perché vuole guardare il deserto, dove alcuni soldati sostengono che di tanto in tanto si possono vedere un vulcano fumante e torri bianche emergere dalla nebbia a nord. Il giovane sente una sorta di legame con il paesaggio, anche se lo trova profondamente deprimente.

Due giorni dopo, fa il suo primo turno di guardia al fianco del rigido sergente maggiore Tronk, che ha trascorso 22 anni al forte e vive nel perenne timore di un attacco nemico. Questo rafforza il desiderio di Drogo di andarsene. Durante la guardia notturna, durante la quale gli ufficiali si fanno un punto d'onore di rimanere svegli, Drogo si addormenta: "quella stessa notte il tempo cominciò a sfuggirgli senza che potesse ricordarsene" (p. 51).

Qualche giorno dopo, Drogo va a trovare Prosdocimo, che è stato il sarto del reggimento per 15 anni e che sostiene che da un giorno all'altro lascerà il forte. Egli consiglia al tenente di non seguire l'esempio degli altri ufficiali che sono lì da anni e la cui vita è consumata dall'attesa di un'ipotetica invasione. Tuttavia, Drogo è convinto che lascerà il forte tra quattro mesi.

Poco dopo, lui e i suoi colleghi festeggiano la partenza di Lagorio dopo due anni di servizio. Lagorio cerca invano di convincere l'amico Angustina, che ha i requisiti, a partire con lui. Angustina rifiuta perché vuole combattere i Tartari ad ogni costo. Aspetterà invano, perché morirà due anni dopo.

Arrivato al forte in autunno, Giovanni è sorpreso di notare che l'inverno è già arrivato. A febbraio va a ritirare l'importante certificato medico, ma guardando il deserto dalla finestra decide di restare. Al forte è entrato in una routine confortevole e ogni giorno si congratula con se stesso per la sua decisione, che crede sia stata solo rimandata.

Due anni dopo, "sembrava che l'esistenza di Drogo si fosse fermata" (p. 86). Sembra che non percepisca il passare del tempo, anche se si rende conto di non essere più un giovane uomo. Fa uno strano sogno in cui vede degli spiriti che accompagnano una giovane Angustina verso la morte.

Durante una guardia notturna, il tenente nota una forma nera all'orizzonte. È contemporaneamente spaventato e contento che finalmente stia accadendo qualcosa. Si scopre che si tratta di un cavallo che non appartiene al forte. Un soldato spericolato di nome Lazzari esce a cercarlo, ma viene abbattuto dalla sentinella quando cerca di rientrare nel forte perché, sebbene la sentinella lo riconosca, Lazzari non conosce la parola d'ordine e la sentinella si attiene rigorosamente alle regole. Il misterioso cavallo scompare e tutti gli uomini sperano segretamente che sia un segno di un evento che sta per accadere.

Il giorno dopo, i soldati scorgono quello che credono essere un esercito in marcia nel deserto verso di loro. Sebbene questa notizia provochi grande agitazione tra tutti gli altri soldati, il colonnello Filimore non crede più a un'invasione tartara, perché l'ha aspettata per troppo tempo. Di conseguenza, viene presto a sapere che si tratta solo di unità del Regno del Nord, inviate in missione non violenta per delimitare un tratto di confine che il comandante del forte aveva trascurato di fare per anni.

Per questo motivo, un'unità di uomini viene dispiegata lungo il confine per battere sul tempo le truppe del Regno del Nord, ma dopo una marcia estenuante attraverso una tempesta di neve per scalare una montagna, subiscono l'ironia di trovare gli ufficiali del Regno del Nord già in posizione. Il duro viaggio ha avuto ripercussioni sul fragile Angustina, che si era offerto volontario per la spedizione, e muore di stanchezza la notte stessa. I suoi compagni lo invidiano perché è morto da soldato.

Drogo si trova al forte da quattro anni e osserva l'inesorabile alternarsi delle stagioni. Ortiz, che è diventato il suo migliore amico, gli consiglia di partire finché è ancora giovane, perché è improbabile che i Tartari arrivino. Non ha mai colto l'occasione che gli era stata offerta per mancanza di ambizione. Come tutti i soldati del forte, prima o poi, Drogo ha un nuovo desiderio di partire, ma ritiene che, a 25 anni, abbia tutto il tempo del mondo davanti a sé.

Torna a casa in licenza e cerca invano di divertirsi, ma non prova alcuna emozione quando incontra un vecchio amico e, anche se gli manca questo mondo, gli sembra ormai estraneo. Sua madre insiste perché richieda un incarico locale, ma la sua pratica è di bassa priorità e Drogo si ritrova di nuovo sulla strada del forte, proprio come quattro anni prima, quasi contento di tornare alla sua routine anche se si chiede se sia davvero il suo destino vivere una vita così mediocre. L'inutile e fatiscente forte, la cui guarnigione è stata dimezzata, lo riempie tuttavia di "presentimenti che non si possono esprimere a parole" (p. 190).

Molti ufficiali che hanno fatto il loro dovere decidono di partire e considerano il tempo trascorso in attesa di un attacco tartaro come una semplice distrazione dalla noia. Nelle settimane successive, Drogo oscilla tra il desiderio di dimettersi e quello di rimanere al forte ancora per un po', ancor più quando crede di aver individuato una strada in costruzione nel deserto. Ma il comandante vieta ai soldati di indagare, avendo ancora in mente la delusione precedente. Solo Drogo rimane vigile.

La costruzione della strada viene completata 15 anni dopo e permette al nemico di avvicinarsi al forte. Drogo è ormai diventato capitano, ma "il tempo è passato così in fretta che il suo cuore non ha avuto modo di invecchiare" (p. 225). Si rende conto che un'intera generazione è passata quando scorta un giovane ufficiale al forte, proprio come Ortiz lo aveva scortato tanti anni prima. Ortiz si ritira e consiglia a Drogo, che dice di volersi dimettere, di aspettare la guerra che sembra ormai alle porte.

Ma gli anni passano e la speranza comincia a svanire. Drogo, ora secondo in comando, ha 54 anni e soffre di insufficienza epatica, ma si rifiuta di lasciare il forte. Costretto a letto, pensa di essere quasi guarito quando il vecchio Prosdocimo viene a informarlo dell'avvicinarsi di battaglioni nemici. Uscendo dalla sua camera da letto, apprende che stanno arrivando i rinforzi e che il forte è stato messo in stato di massima allerta, e capisce che l'invasione è imminente. Nonostante le sue proteste, il comandante in capo lo fa evacuare per evitare la battaglia. Lascia il forte in una sorta di stordimento, passando accanto ai soldati che si preparano alla battaglia, mentre lui "scende nella pianura ingloriosa" (p. 258), con un'altra battaglia che non può sperare di vincere che lo attende.

Quella sera, si trova in una locanda quando il pensiero della morte gli attraversa improvvisamente la mente: affrontare l'ultimo nemico, da solo, in una comune camera da letto, gli sembra un compito molto più difficile, ma in fondo più ambizioso, che rischiare la vita in guerra, circondato dai suoi compagni. La porta della sua camera da letto si apre dolcemente, Drogo si raddrizza l'uniforme e sorride per la presenza della morte che sente radunarsi intorno a sé.

STUDIO DEL CARATTERE

GIOVANNI DROGO

All'inizio della storia ha 25 anni e non viene mai descritto fisicamente. Giovanni è felice di lasciare la noiosa accademia militare in cui ha compiuto gli studi ed è entusiasta di iniziare la sua vita. Il suo primo, atteso incarico come tenente, a Forte Bastiani, lo riempie di speranza: "ora era un ufficiale e avrebbe avuto soldi, le belle donne forse lo avrebbero guardato [...]" (p. 2).

Tuttavia, fin dalle prime pagine del libro viene assalito da una profonda malinconia, ed è allo stesso tempo inspiegabilmente attratto e profondamente respinto da Fort Bastiani e dalla campagna circostante. Questa repulsione lo riempie più volte del desiderio di tornare alla vita civile. Tuttavia, trascorre trent'anni in questo luogo misterioso, facendo carriera e abituandosi alla routine, che diventa per lui una grande fonte di conforto, mentre lui e tutti i suoi commilitoni attendono l'evento che darà uno scopo e un senso alla loro presenza al forte: la temuta invasione dei Tartari, che dovrebbe arrivare da un momento all'altro ma che non si verifica mai.

CAPITANO ORTIZ

Il primo soldato di stanza al forte che Drogo incontra, il capitano, è "un uomo sulla quarantina o forse più vecchio con un viso magro e aristocratico" (p. 10). Con Drogo si sviluppa una forte amicizia nel corso della storia. Molto presto, Ortiz consiglia a Drogo di lasciare il forte "finché è in tempo" (p. 158). Dice che inizialmente era stato tentato di chiedere lui stesso il trasferimento, ma alla fine ha rinunciato per mancanza di ambizione. Alla fine del romanzo si ritira, disilluso e consapevole di aver più o meno sprecato la sua vita.

TENENTE ANGUSTINA

Fa parte della cerchia di amici intimi di Drogo. Aristocratico sofisticato e malaticcio, è talvolta oggetto di scherno da parte dei suoi superiori a causa dell'orgoglio talvolta mal riposto per il suo aspetto. Quando ha la possibilità di essere trasferito, rifiuta di lasciare il forte, perché vuole combattere i Tartari. Si offre volontario per la spedizione che segna il confine e questo gli costa la vita a causa della stanchezza e delle ferite riportate dalle sue scarpe, del tutto inadeguate alla faticosa marcia. Drogo ha anche una premonizione della sua morte in uno strano sogno.

SERGENTE MAGGIORE TRONK

Tronk è "piccolo e magro, con una faccia da vecchio e la testa rasata" (p. 41) Parla raramente e non socializza con gli altri. È l'incarnazione di un militare dalla mentalità ristretta che giura sulle regole e le rispetta immancabilmente. Non si discosta mai dalle sue abitudini di rigore per nessun motivo e non esita a sparare a uno dei soldati del forte, pur avendolo riconosciuto, quando questo non dà la parola d'ordine per rientrare.

ANALISI

UN ROMANZO ALLEGORICO

L'allegoria è una tecnica che utilizza un personaggio, un oggetto o un'azione specifica per spiegare un concetto, un'idea o una nozione astratta (bene, male, guerra, morte, ecc.). Le allegorie sono utilizzate in molti mezzi artistici, come la pittura; ad esempio, nel famoso dipinto di Eugène Delacroix (1798-1863) *La libertà che guida il popolo*, la figura femminile centrale rappresenta il concetto di libertà. L'uso delle allegorie è comune in letteratura e risale al Medioevo, in particolare nel poema *Guillaume de Dole*. Altri esempi rilevanti sono il romanzo pastorale del XVII secolo *L'Astrée* di Honoré d'Urfé (scrittore francese, 1567-1625) o, più recentemente, opere come *Il processo* di Kafka (scrittore praghese, 1883-1924), *La montagna incantata* di Thomas Mann (scrittore tedesco, 1875-1955) e *La riva opposta* di Julien Gracq (scrittore francese, 1910-2007), anch'esso incentrato su un tema simile a quello de *Il deserto dei Tartari*. In un certo senso, l'obiettivo principale del lettore nella lettura di un romanzo allegorico dovrebbe essere quello di capire il significato simbolico sottostante alla trama, alla struttura, all'ambientazione o ai personaggi.

Il deserto dei Tartari potrebbe essere considerato un romanzo allegorico, perché se da un lato la storia ha un significato facilmente comprensibile (un giovane ufficiale viene inviato in una fortezza remota), dall'altro un secondo significato, più profondo, si rivela se analizzato in profondità. Alla base di questa storia monotona, in cui non sembrano esserci sviluppi o colpi di scena, c'è un secondo significato, che diventa improvvisamente percepibile quando Drogo intraprende il suo primo viaggio verso la cittadella. Per capire le intenzioni dell'autore e comprendere il suo messaggio, il lettore deve allora fare una sorta di esercizio di sostituzione, riflettendo su quale potrebbe essere il significato allegorico di ogni aspetto della storia: ad esempio, qual è il significato del paesaggio desolato, del vagare senza meta dell'ufficiale mentre non trova nessuno in grado di informarlo sull'esatta ubicazione del forte, della vita monotona che conduce in quel luogo più avanti nel libro, o ancora della sua indecisione tra i desideri contrastanti di restare e di partire?

UN TEMA CENTRALE: IL TEMPO

In realtà, ogni aspetto de *Il deserto dei Tartari* punta sul concetto di tempo, dimensione fondamentale dell'esistenza umana; tutto è teso a sottolineare come lo scorrere del tempo sia lento ma inesorabile, così come l'inutilità dei tentativi dei personaggi di dare un senso alla loro esistenza tenendo d'occhio l'ipotetico arrivo dei Tartari, la cui ultima invasione ha assunto l'aria di un mito, perso nell'ombra del tempo. Nonostante ciò, è l'argomento di conversazione preferito dai soldati e la maggior parte di loro si rifiuta di lasciare il forte, aspettando invece la battaglia che darebbe un senso alla loro presenza in un luogo così fatiscente e dimenticato, che viene qui utilizzato come metafora dell'esistenza umana.

I temi del tempo e della morte sono indissolubilmente legati: mentre i soldati aspettano i Tartari, sanno che dovranno guardare in faccia la morte se combatteranno. Per questo,

Buzzati sembra farne l'obiettivo e la speranza ultima dell'esistenza. Il destino del protagonista illustra chiaramente l'intreccio tra i Tartari e la morte (nella mitologia greca, infatti, il Tartaro è il pozzo più profondo dell'Ade, o Inferno): Il tenente Drogo si è gravemente ammalato quando la sua meta è finalmente a portata di mano (quando arrivano gli invasori che ha atteso per 30 anni), e muore da solo nella locanda in cui è stato evacuato.

Ogni aspetto del romanzo simboleggia il tempo che sembra non passare mai, ma che tuttavia scorre ineluttabilmente verso la fine:

- Forte Bastiani. I suoi occupanti non si accorgono dello scorrere del tempo, che comunque passa. Tutto ciò che accade nella fortezza crea l'illusione di un presente immutabile: la vita militare è strettamente regolamentata e Tronk si assicura che tutte le regole siano scrupolosamente rispettate (il cambio della guardia, gli orari, le uniformi dei soldati e il cambio regolare della parola d'ordine per entrare nel forte, anche se nessun estraneo vi accede mai). Al di fuori dei doveri militari, i soldati si dedicano a passatempi piacevoli: consumano pasti deliziosi nella mensa, giocano a carte o leggono la sera. In questo modo, il tempo passa senza che se ne accorgano o vi prestino attenzione, come la cisterna dell'acqua e i rubinetti che perdono continuamente, senza che nessuno pensi mai a ripararli. Il ritmo immutabile delle stagioni che passano, visibile dalle finestre, rafforza ulteriormente l'impressione di un ciclo senza fine.

- Il deserto. È descritto come una vasta distesa pietrosa che si estende a perdita d'occhio, un luogo immobile e immutabile che conduce all'orizzonte e sul quale i Tartari, che rappresentano la morte, potrebbero apparire in qualsiasi momento. È coperto da una nebbia perenne, che i soldati annoiati usano come fonte di divertimento, scorgendovi forme fantastiche. Anche lì il tempo sembra essersi fermato, in questo caso per l'assenza di movimento, che fa sentire Drogo come se la sua vita si estendesse all'infinito davanti a lui.

- La strada. Simboleggia il lento cammino verso una meta e la lenta progressione del tempo. Le strade che i personaggi percorrono sono sempre impegnative e sconnesse (ad esempio, il sentiero che Drogo percorre per raggiungere il forte, o la ripida collina che i soldati percorrono per raggiungere la cima della montagna per segnare il confine) e rallentano il loro progresso, pur non fermandolo mai del tutto. Allo stesso modo, i Tartari costruiscono una strada attraverso il deserto che devono attraversare per raggiungere Forte Bastiani, e la costruzione richiede 15 lunghi anni.

- I personaggi. Sono poco approfonditi, mancano della consueta profondità dei personaggi nella maggior parte dei romanzi. Buzzati non ci fornisce più dettagli su di loro dello stretto necessario. Sono incluse brevi descrizioni fisiche e, naturalmente, l'autore sottolinea i segni dell'invecchiamento: capelli che diventano bianchi, girovita che si affloscia, ecc. Le loro conversazioni includono spesso un accenno al tempo trascorso al forte, che spesso è molto lungo, o discutono del conflitto tra il loro desiderio di partire e la speranza di vedere finalmente apparire i Tartari. Solo coloro che decidono di andarsene finché ne hanno la possibilità, che riescono a uscire dall'apatia e a cercare un'esistenza più significativa, ammettono che il mito dei Tartari non è stato altro che un mezzo per allontanare la noia.

- La struttura del libro. Anche la struttura del libro riecheggia la sensazione del tempo che si ferma, anche se conduce verso una fine. I 30 capitoli sono brevi e tutti della stessa lunghezza. L'autore fa anche dei paragoni tra la vita dei personaggi e l'atto della lettura: "Un'altra pagina gira, i mesi e gli anni passano" (p. 236). Inoltre, l'improvviso turbinio di azione a Fort Bastiani, quando sembra imminente un attacco nemico, ha luogo a metà del romanzo, il che fa pensare al lettore che un evento significativo stia finalmente per verificarsi e avere un effetto sulla seconda metà della storia, allo stesso modo in cui i soldati sono convinti che il grande giorno sia finalmente arrivato.

UN'ATMOSFERA DA SOGNO

Ogni romanzo allegorico deve fornire al lettore degli indizi che gli permettano di decifrare il significato di fondo del romanzo. A questo scopo si possono utilizzare elementi di simbolismo, come quelli sopra elencati, e l'omissione di dettagli che radicherebbero il romanzo nella realtà, il che serve a sottolineare la natura metaforica e universale del romanzo. Buzzati ricorre a questa tecnica, in particolare collocando Forte Bastiani in una zona non identificabile, nota solo come "il Regno" o "il Nord", che ricorda elementi del simbolismo cristiano associati al mondo delle tenebre. Inoltre, nessuno nella zona circostante sembra essere a conoscenza dell'esistenza del forte quando Drogo si perde durante il suo primo viaggio verso il forte e chiede indicazioni. Quando finalmente lo vede, ha un aspetto totalmente onirico: si erge solitario su un altopiano arido, "non era [in] alcun senso bello, né pittoresco [...] non c'era una sola cosa che compensasse la sua spoglia [...] eppure [...] Drogo lo guardava come ipnotizzato e un'inspiegabile sensazione di eccitazione gli entrò nel cuore" (p. 19). In effetti, il forte provoca in Drogo una strana allucinazione il giorno in cui ne esce per la prima volta in licenza: crede di vedere le sue torri svettare improvvisamente nel cielo. Allo stesso modo, non riesce mai ad articolare cosa lo spinga a contemplare così instancabilmente il paesaggio circostante, arido e desolato com'è, con le sue curiose sagome di vulcani spenti e le torri bianche che a volte emergono dalla nebbia come miraggi. Anche l'interno del forte sembra uscito da un sogno: le scale fredde, buie e umide sono un incubo.

Infine, il sogno che Drogo fa all'inizio del suo soggiorno è di grande importanza: egli assiste geloso al trasporto di una spassionata Angustina verso la morte, il tutto in un magnifico palazzo che potrebbe essere l'opposto del sinistro Forte Bastiani.

ULTERIORI RIFLESSIONI

ALCUNE DOMANDE SU CUI RIFLETTERE...

- In che modo questo romanzo può essere considerato un'allegoria? Su quale idea astratta Buzzati vuole far riflettere il lettore?

- Ripercorrete il viaggio del tenente Drogo. Come si evolve il suo comportamento?

- Considerate le caratteristiche specifiche dell'ambientazione spaziale e temporale. In che modo sono adatte agli obiettivi dell'autore?

- I Tartari non compaiono mai nella storia. In che modo svolgono comunque un ruolo chiave nel romanzo?

- Confrontate *Il deserto dei Tartari* con *La riva opposta* di Julien Gracq.

- In che modo l'atmosfera onirica del romanzo rafforza la sua natura allegorica?

- Drogo torna nel mondo "di sotto" in due occasioni. Come possono essere interpretate le sue reazioni durante il periodo trascorso lì?

- Direste che Drogo ha sprecato la sua vita? Secondo voi, era felice? In che modo il finale è tragico per lui?

ULTERIORI LETTURE

EDIZIONE DI RIFERIMENTO

Buzzati, D. (2007) *Il deserto dei Tartari*. Trans. Hood, S. C. Edimburgo: Canongate.

Vogliamo sapere da voi!
Lasciate un commento sulla vostra biblioteca online
e condividete i vostri libri preferiti sui social media!

www.50minutes.com

Master ISBN: 9782808690997
ISBN cartaceo: 9782808612395
Deposito legale: D/2023/12603/1519

Copertura: © Primento

Concezione digitale a cura di Primento, il partner digitale degli editori.